Geheime Weisheiten des Meeres

arsEdition

Danke an Alex, Alasdair,
Ivor und Travis

Titel der Originalausgabe: Life Lessons from
the Ocean. Soothing Wisdom from the Sea
Die Originalausgabe ist 2020 in Großbritannien bei LOM ART
erschienen, einem Imprint von Michael O'Mara Books Limited
Copyright © Michael O'Mara Books Limited 2020

© 2022 für die deutsche Ausgabe: arsEdition GmbH,
Friedrichstr. 9, D-80801 München
Alle Rechte vorbehalten
Text: Richard Harrington
Illustration Innenteil: Annie Davidson
Aus dem Englischen von Ute Löwenberg
Covergestaltung: arsEdition GmbH
Bildnachweis Cover: www.shutterstock.com: PolinaVyun,
korkeng, AFadeykinaArt, Kuznetsova Darja
Gestaltung Innenteil: Daniela Schulz
ISBN 978-3-8458-4735-1

www.arsedition.de

Geheime Weisheiten des Meeres

Was wir vom Meer über das Leben lernen können

Text von Richard Harrington

Illustrationen von Annie Davidson

Aus dem Englischen von
Ute Löwenberg

arsEdition

Tauche ein in die Welt des Meeres

∞

Das Leben begann im Meer — vor wenigen Milliarden Jahren. Und auch heute prägt der Ozean unser Dasein, ohne dass wir uns dessen bewusst sind. Er stabilisiert unser Klima und versorgt uns mit Sauerstoff zum Atmen. Aber das ist längst nicht alles, denn darüber hinaus schenkt er uns Nahrung, gibt uns die Möglichkeit zu reisen und bereitet uns Freude. Allein der Aufenthalt am Meer beeinflusst unsere Stimmung. Das Meer hat die Kraft, uns zu erfrischen, eine Perspektive zu geben und Alltagsstress von uns zu nehmen. Seine unermüdliche Bewegung ist mit unserem eigenen Rhythmus verbunden, der von Mond und Sonne beeinflusst wird.

Wir haben erkannt, wie verletzlich die Meere sind und wie sehr wir sie bereits geschädigt haben. Aber je mehr wir darüber wissen, desto mehr können wir tun, um sie zu schützen. Und wenn man nur ein wenig Zeit am Meer oder auf und unter den Wellen verbringt, will man einfach mehr über den Ozean erfahren. Das Meer hält so viel für uns bereit: Wenn du diese Seiten durchblätterst, erfährst du viele der Geheimnisse und entdeckst zahlreiche Schätze, die unter den Wellen verborgen sind.

Niemand ist zu klein, um wichtig zu sein

Die mächtigsten Lebewesen, gemessen an ihrer Bedeutung für das Lebensgefüge im und um den Ozean, sind die allerkleinsten: Die winzigen Algen und anderen Einzeller des pflanzlichen Planktons gibt es in großen Mengen in der Nähe der Meeresoberfläche, wo sie Sonnenlicht und Kohlendioxid in Energie umwandeln und Sauerstoff freisetzen. Phytoplankton liefert über die Hälfte des Sauerstoffs, den wir atmen. Im Gegensatz zu Pflanzen mit Wurzeln kann es sich frei bewegen, und viele Planktonarten haben die erstaunlichsten Formen entwickelt, um zu schwimmen und zu treiben. In großer Masse färbt Plankton das Meer in Rot- oder Grüntönen, und einige Arten, wie das Meeresleuchttierchen, das trotz seines Namens zum pflanzlichen Plankton zählt, geben selbst Licht ab und bieten in Frühlings- und Sommernächten ein wunderschönes Leuchtspektakel.

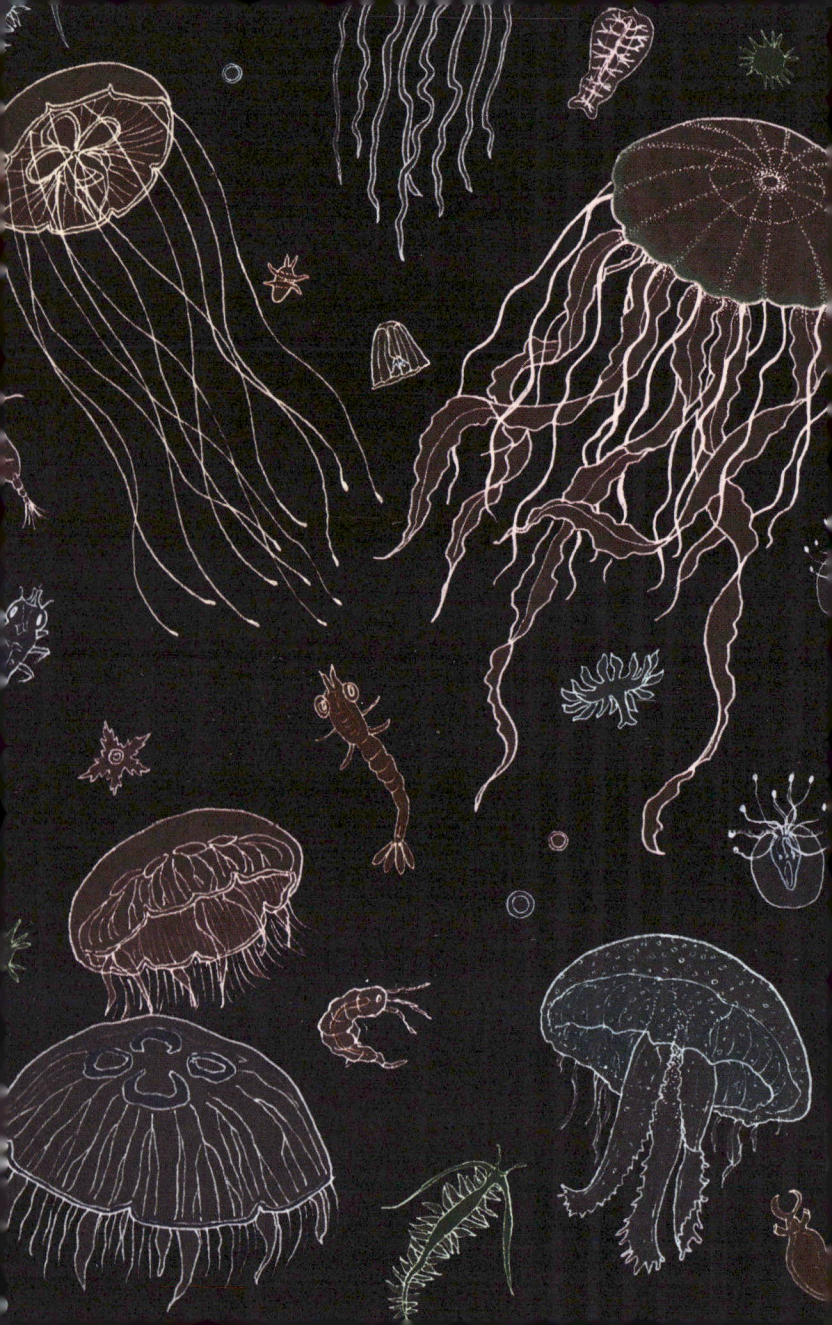

Es ist okay, sich treiben zu lassen

∞

Zwischen dem pflanzlichen Plankton lebt eine Vielzahl von Tieren.
Unendlich viele Fische, Krebse, Hummer und Schnecken beginnen
ihr Leben als winzige, treibende Kreaturen, die ihrem späteren,
ausgewachsenen Erscheinungsbild kaum ähneln und die als
Zooplankton bezeichnet werden. Andere Arten von Würmern, Krebsen
und Weichtieren verbringen ihr ganzes Leben in dieser dahintreibenden
Welt. Die meisten dieser Tiere sind sehr klein, es leben aber auch
riesige Quallen inmitten des tierischen Planktons. Gigantische
Lederschildkröten und Mondfische ernähren sich von den Quallen, und
die größten Tiere der Erde — wie Blauwale und Walhaie — verschlingen
die reichhaltige Planktonsuppe mit ihren riesigen Mäulern.

Zusammen ist man weniger allein

Das Meer ist die Heimat vieler Tierarten, die außerhalb des Wassers keine Verwandten haben. Ein Beispiel dafür sind die Moostierchen. Die winzigen Lebewesen leben in Kolonien auf Felsen und Seetang im Meer. Aufgrund ihrer geringen Größe sind Einzeltiere oft gar nicht zu erkennen, aber gemeinsam sehen sie durch ihre bloße Menge oft wie eine Matte oder ein Teppich aus. Manche Kolonien haben auch das Erscheinungsbild von Tang, wie zum Beispiel die Blättermoostierchen und das Aufrechte Gallertmoostierchen. Die meisten sind harmlos, aber letzteres kann bei Fischern, die damit in Berührung kommen, Ekzeme verursachen. Das liegt an einer chemischen Substanz, die dieses Moostierchen enthält.

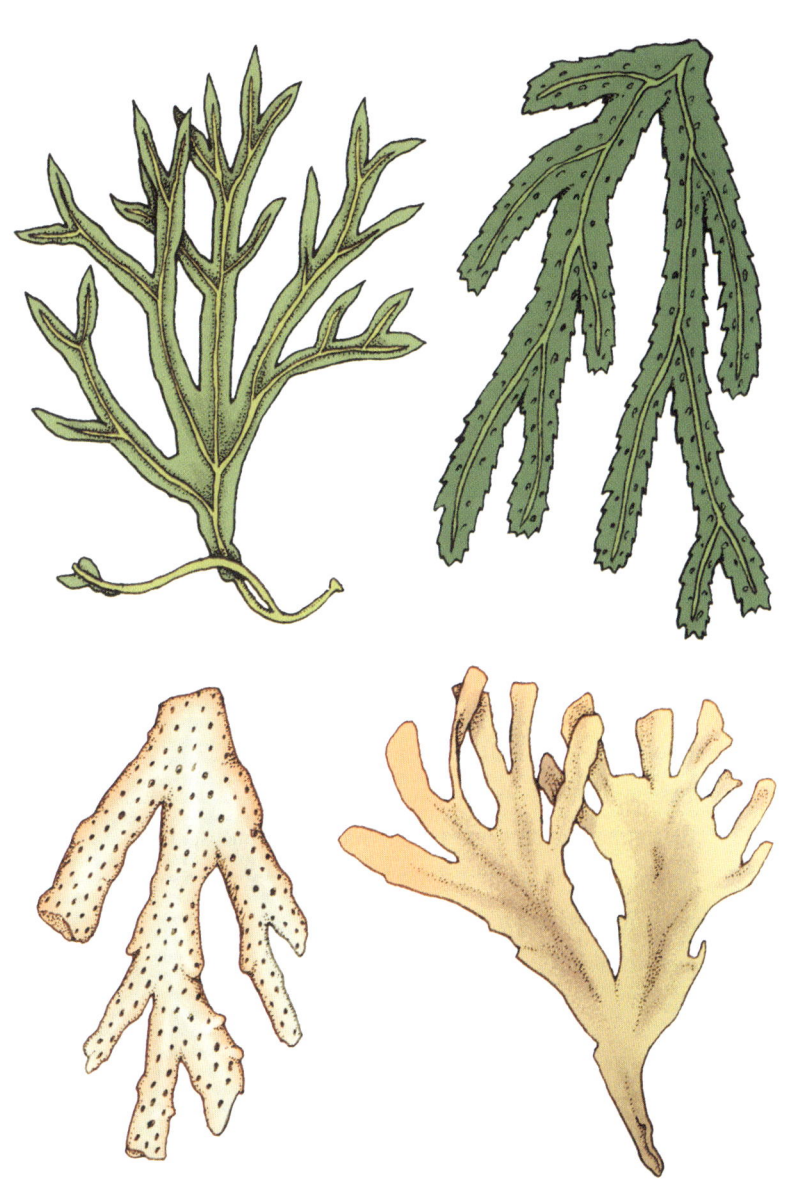

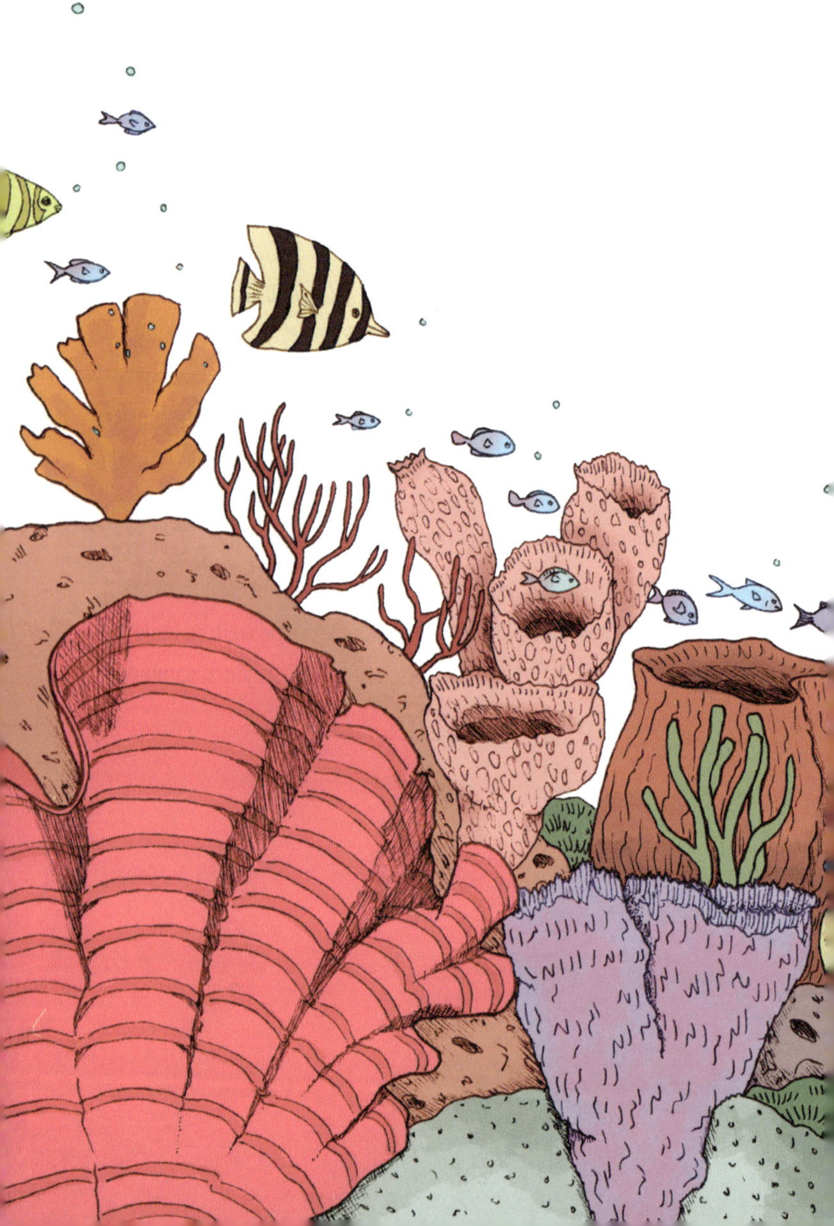

Nimm deine Rolle im Leben ernst

∞

Schwämme wurden schon vor Tausenden von Jahren von Menschen geerntet, bevor sie weitgehend durch synthetische Varianten ersetzt wurden. Es gibt eine erstaunliche Anzahl verschiedener Schwammformen, die sich alle aus unterschiedlichen, sehr kleinen, sehr einfachen Tieren zusammensetzen. In vielen Schwämmen erfüllen die winzigen Tierchen in den verschiedenen Teilen einer Kolonie bestimmte Aufgaben: Einige bringen nährstoffhaltiges Wasser hinein, andere filtern es und wieder andere leiten Abfallprodukte hinaus. Jedes einzelne Tier übernimmt außer seiner eigenen keine weitere Rolle für die Kolonie, arbeitet aber harmonisch mit den übrigen zusammen.

Komm raus aus deiner Komfortzone

Stell dir vor, du wärst ein Fisch, der — von der Flut hochgespült — plötzlich auf dem Trockenen sitzt. Das kann dir zweimal am Tag passieren und du bist zusätzlich Wind, Regen oder glühender Sonne ausgesetzt. Hört sich schrecklich an? Aber es sind genau diese Lebensbedingungen, unter denen der Schan, auch Schleimlerche genannt, bestens gedeiht. Der Fisch kann mehrere Meter oberhalb der niedrigsten Flutlinie angetroffen werden, wo das anpassungsfähige Tier in Löchern und Felsspalten überleben kann. Es muss zwar feucht bleiben, kann aber über seine Haut Sauerstoff aufnehmen und schluckt zusätzlich Luft durch sein Maul. Der Schan kann tatsächlich mehrere Tage außerhalb des Wassers am Leben bleiben. Sobald die Flut zurückkehrt, schwimmt er wieder und nimmt Sauerstoff und Nahrung aus dem Wasser auf wie jeder andere Fisch.

Nimm die Wunder der Welt um dich herum wahr

Die Arktis erstreckt sich als Wunderland aus Eis und Schnee über einem Meer voller erstaunlicher Lebewesen. Fantastische Kreaturen von mystischer Anmutung leben hier, wie zum Beispiel der Narwal. Ein überlanger Zahn seines Oberkiefers bildet einen einzelnen, schraubenförmig gewundenen Stoßzahn, der bis zu zwei Dritteln der Länge des Tieres entsprechen kann. Den meisten Männchen wächst ein solcher Stoßzahn und auch einige Weibchen haben einen. Der an ein Horn erinnernde Zahn hat viele Verwendungszwecke: Er ist nützlich bei der Jagd auf große Fische in der Nähe des Meeresbodens und beim Beutefangen. Zudem reiben Narwale zur Begrüßung die Stoßzähne aneinander. Der Stoßzahn ist — wie alle Zähne — sehr empfindlich und ermöglicht dem Narwal vermutlich, Veränderungen im Wasser und in der Luft um ihn herum wahrzunehmen.

Geduld zahlt sich aus

∿

Anglerfische sind bizarre und monströs aussehende Kreaturen — aber sie sind sehr faszinierend. Die meisten von ihnen liegen regungslos auf dem Meeresboden und lassen einen fühlerförmigen Auswuchs ihrer Stirn mit einem länglichen Anhängsel an der Spitze vor ihrem Kopf baumeln, um Beute zu ködern. Tiefseeanglerfische locken ihre Beute sogar mit einem leuchtenden Köder an. Kleine Fische finden das helle Licht unwiderstehlich, schwimmen näher heran, um es zu untersuchen, und — mit einem Happs schnappt der wartende Anglerfisch seine Mahlzeit. Die Partnersuche kann ähnlich lange dauern. Aber wenn die Paare sich dann endlich gefunden haben, bleibt das Männchen oft für den Rest seines Lebens bei dem viel größeren Weibchen.

Versuche, deinen Halt nicht zu verlieren

∞

Seetang kann keine Wurzeln auf Felsen schlagen, wie es Pflanzen im Boden tun. Stattdessen verankert sich jede der marinen Großalgen mit einem starken, klebrigen Haftorgan, dem sogenannten Rhizoid, am Meeresboden. Von dieser Basis aus kann der Tangstängel hochwachsen und den meisten Meeresbedingungen im Sommer standhalten. Doch je größer die Alge wird, desto höher ist die Gefahr, von Stürmen und Strömungen weggerissen zu werden. Dass auf dem Tang oft Weidetiere wie Napfschnecken und Seeigel sitzen, was ihn schwerer macht, erhöht die Gefahr noch.

Schlage lieber in ruhigen Gewässern Wurzeln

Einige Pflanzen können im salzigen Meerwasser gedeihen. Seegräser leben zwischen Sand und Schlamm, wo sie Wurzeln schlagen können. Sie brauchen viel Sonnenlicht, um zu wachsen, und sind daher nur in flachem, klarem Wasser zu finden, das wenig von Stürmen heimgesucht wird. Im Mittelmeer wachsen riesige Unterwasserwiesen aus Neptungras, einer dicht wachsenden, langblättrigen Seegrasart. Sie bieten unter anderem Seepferdchen, flachen Fischen — wie Stechrochen — und Seeanemonen einen Lebensraum. Wenn ihre Blätter abbrechen, verwandelt die Wellenbewegung des Meeres sie in weiche Bälle, die an den Stränden angeschwemmt werden. Diese sogenannten Seebälle stellen wiederum Nährstoffe für Pflanzen an Land bereit.

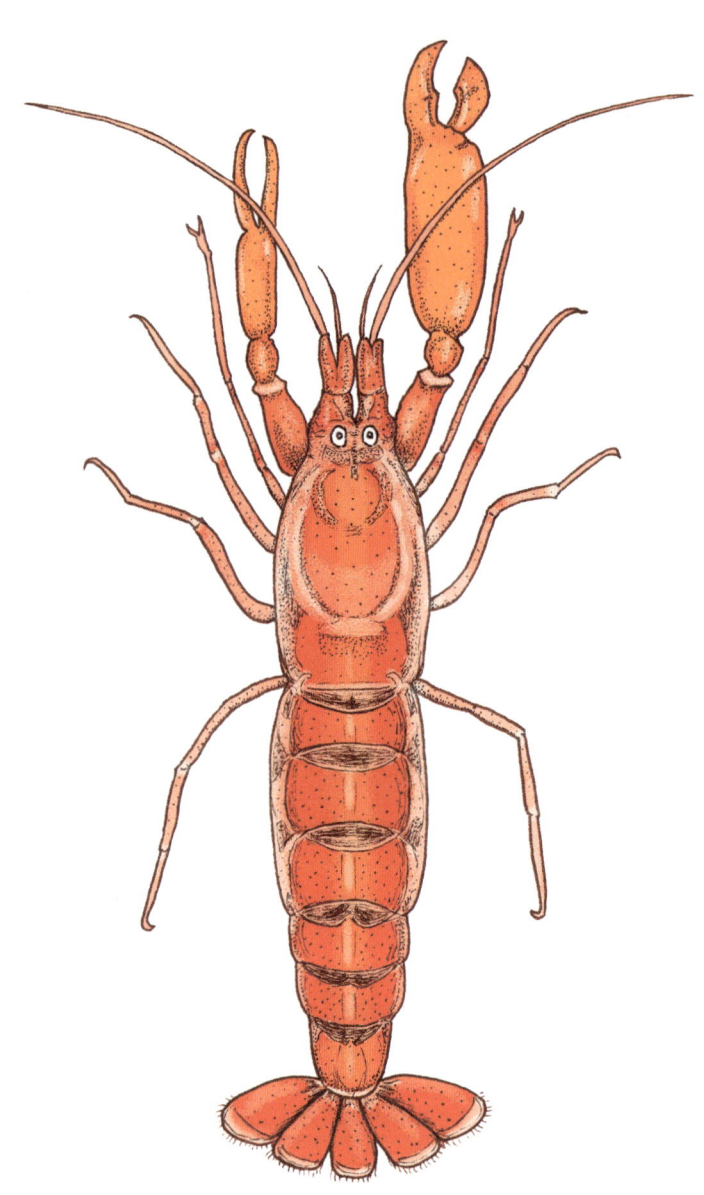

Lerne deine lauten Nachbarn lieben

Knall- oder Pistolenkrebse verfügen über einen ausgeklügelten Mechanismus in einer ihrer beiden Scheren. Die bei einigen Arten riesige Schere, die die Hälfte der Körperlänge mancher männlicher Krebse ausmachen kann, erzeugt einen explosionsartigen Knall, der stark genug ist, um Beute in der Nähe zu betäuben. Gemeinsam lassen die Krebse eine laute Knall-Symphonie erschallen, die noch im Umkreis von zehn Metern zu hören ist. Wo es diese lärmenden Krebse gibt, ist das Riff in der Regel gesund. Junge Fische, so haben Forscher herausgefunden, zieht es oft in Riffe, in denen es viele Knallkrebsgeräusche gibt. Das beweist einmal mehr, dass ein gutes Zuhause voller Lärm sein darf.

Sei einfallsreich und finde deine Nische

Der Wettbewerb um den Platz in einem Korallenriff ist hart.
Jede Korallenart kämpft mit ihren Nachbarn um die Toplage mit
ständiger Zufuhr von Nahrung in Form von winzigem Plankton
sowie mit klarem Wasser und Sonnenlicht. Das ist nötig, da
riffbildende Korallentierchen spezielle Algen in ihrem Gewebe
beherbergen, die Nährstoffe liefern, damit die Korallen wachsen
und gedeihen können. Deshalb türmen Korallen Kalkskelette in
verschiedenen Formen auf, um über ihre Nachbarn hinauszuwachsen
oder sie auf andere Art bei der Nahrungsaufnahme zu toppen:
Manche sehen aus wie ein Geweih, andere haben die Form
eines Gehirns und wieder andere haben Finger und Äste.

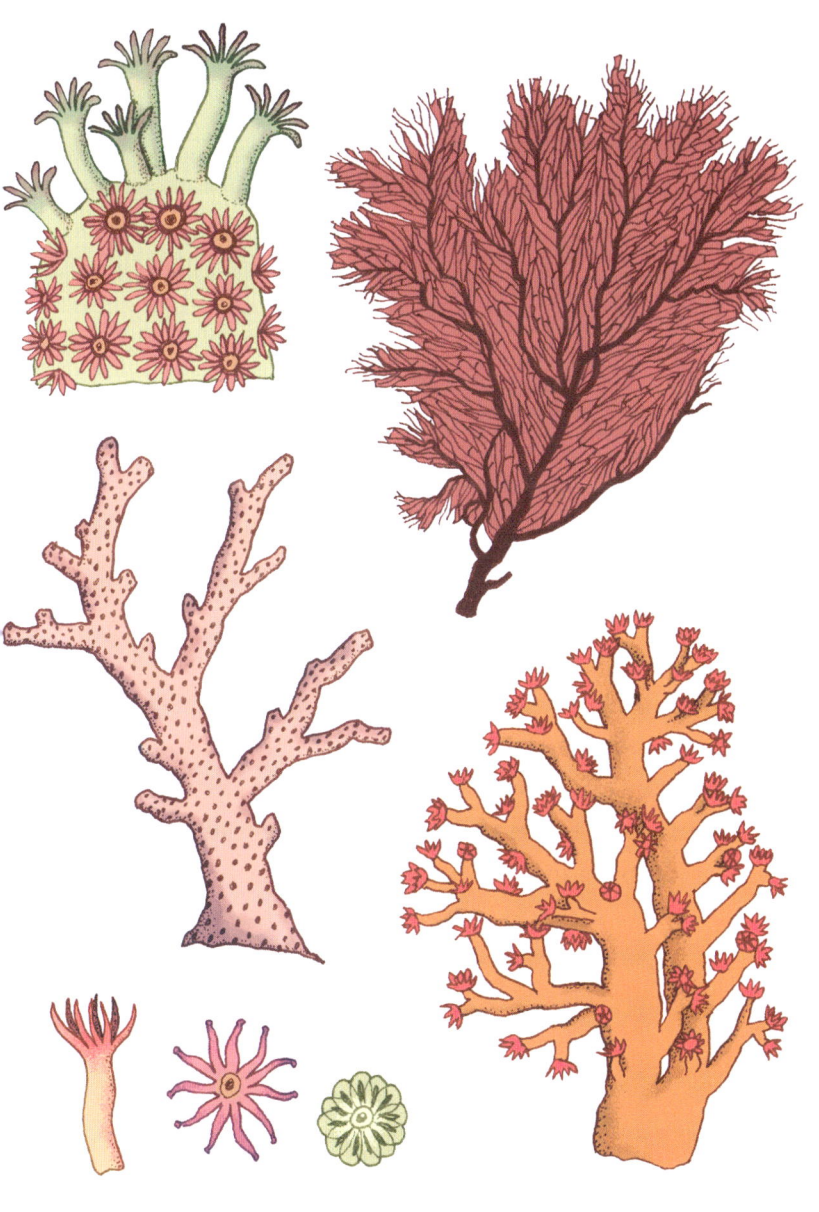

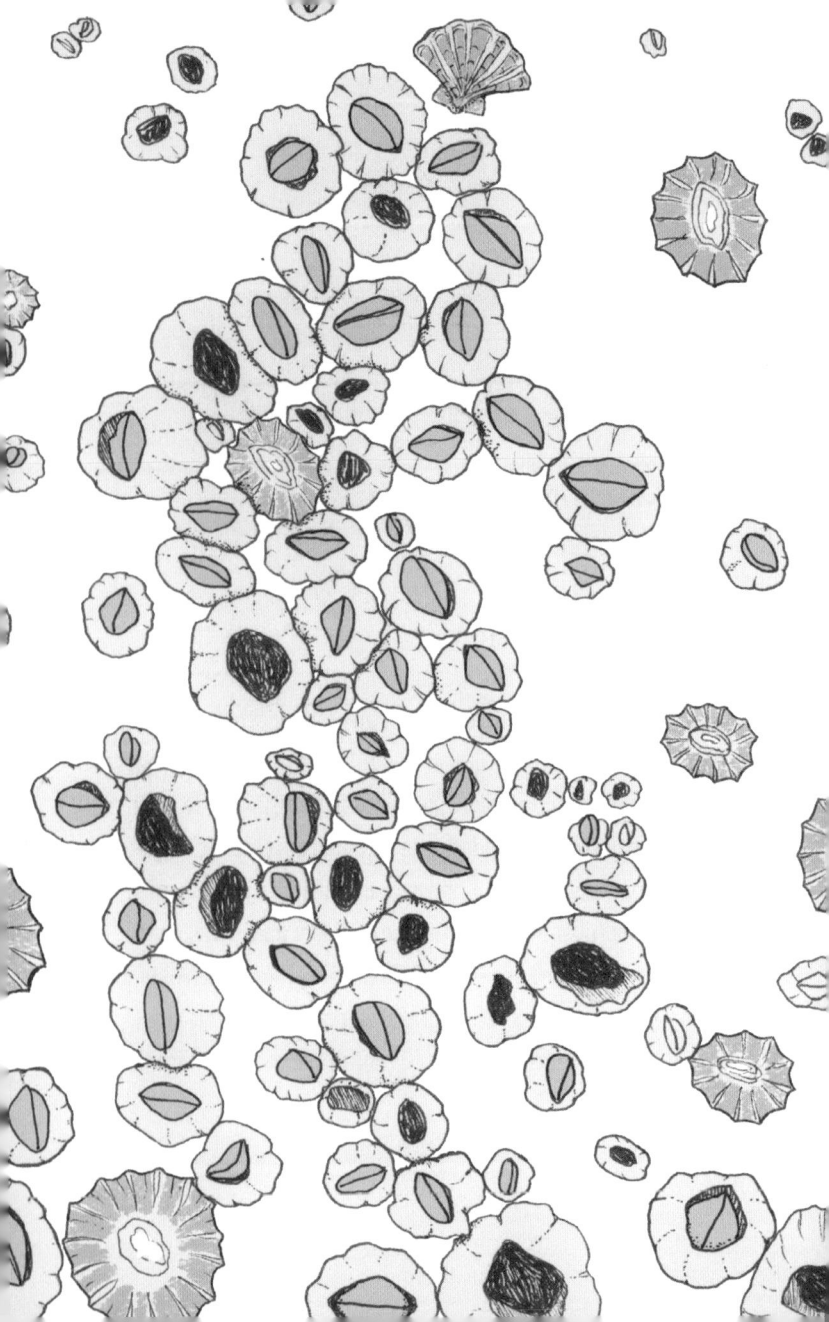

Suche dir den perfekten Platz für dein Zuhause

Seepocken treiben zu Beginn ihres Lebens hilflos inmitten von Plankton und verändern ihre Körperform, wenn sie wachsen. Sie sind sehr wählerisch, wenn es darum geht zu entscheiden, wo sie sich endgültig niederlassen. Aus gutem Grund: Eine erwachsene Seepocke kann sich nie wieder von ihrem Zuhause entfernen. Die Larve sinkt im Wasser nach unten und wandert eine Zeit lang um einen potenziellen neuen Heimatfelsen herum. Erst wenn sie zufrieden ist, zementiert sie sich kopfüber auf der Unterlage fest. Ihre über den Körper erhobenen Beine sind von einem Panzer mit Falltür umschlossen. Den Rest ihres Lebens verbringt die Seepocke damit, mit ihren feinen Beinen Planktonnahrung zu fangen, die vorbeischwimmt.

Geh mit den Gezeiten

Die Gezeiten werden durch die Anziehungskraft des Mondes und der Sonne verursacht, sodass sich das Meer an den meisten Orten etwa zweimal täglich vor- und zurückbewegt. Der Rhythmus der Gezeiten ist festgelegt und lässt sich für viele Jahre genau vorhersagen. Zur Zeit des Voll- und Neumonds, wenn Sonne und Mond in einer Linie stehen, ist die Flut besonders hoch und die Ebbe besonders niedrig. Während dieser sogenannten Springtiden herrschen die besten Voraussetzungen, um die Küste zu erkunden oder sich bei Ebbe einfach gemütlich an einen breiten Strand zu setzen.

Unterschätze nicht die Kraft der Selbstheilung

∞

Unter seinem zerklüfteten Äußeren verbirgt der Gemeine Seestern seine Stärke als echter Überlebenskünstler. Er muss sich den härtesten Stürmen und furchterregenden Raubtieren stellen. Selbst seine Lieblingsspeisen wie Muscheln und Krebse können ihm Verletzungen zufügen. Aber davon lässt sich ein Seestern nicht aufhalten. Er kann einen ganzen Arm verlieren, schnell fliehen und ein komplett neues Glied nachwachsen lassen. Selbst wenn er zwei, drei oder sogar vier Arme auf einmal verliert, kann er überleben und innerhalb eines Jahres weitgehend in die Normalität zurückfinden.

Das Leben beschert uns allen gelegentliche Missgeschicke und Unfälle, aber die Fähigkeit des menschlichen Körpers, sich von einem Rückschlag zu erholen, ist ebenfalls erstaunlich. Wir sollten nicht zulassen, dass eine Verletzung oder ein Trauma uns davon abhält, die Dinge zu tun, die wir gerne machen.

Lass dir vom Meer neue Kraft schenken

Das Meer steht uns als natürliche Therapiequelle für Geist, Körper und Seele zur Verfügung. Da der Ozean ständig in Bewegung ist, wirkt diese mächtige, verlässliche Kraft gleichermaßen entspannend und energetisierend auf uns. Und es ist mittlerweile erwiesen, dass sich unsere geistige Gesundheit und unser Wohlbefinden verbessern, wenn wir Zeit im und am Wasser verbringen. Das gilt sowohl für den ruhigen Aufenthalt am Meer als auch für das Surfen in den wilden Wellen. Natürlich kann der Ozean auch gefährlich sein, also tritt nicht zu nahe an eine Klippe heran oder schwimme nicht über deine Kräfte weit hinaus. Aber eine Pause am Meer wird dir guttun — ganz bestimmt!

Lass dich überraschen – die Welt ist voller Wunder!

Fliegende Fische hast du vielleicht schon gesehen, aber hast du schon einmal von einem fliegenden Tintenfisch gehört? Als Weichtier ist er zwar entfernt mit den Muscheln und Schnecken verwandt, aber anders als diese ist der Todarodes pacificus nicht gerade langsam.

Er verfügt über einen Rückstoßantrieb, der Wasser mit hoher Geschwindigkeit durch seinen Siphon, eine trichterförmige Röhre, spritzt, um ihn voranzutreiben. Auf seiner jährlichen Wanderung legt er über eintausendneunhundert Kilometer mit durchschnittlich fast einem Meter pro Sekunde zurück. Wenn der Kalmar einen Spurt einlegt, bewegt er sich mit drei Metern pro Sekunde durch das Wasser (etwa elf Kilometer pro Stunde), was ausreicht, um ihn von der Meeresoberfläche zu heben. Aufgrund des geringeren Widerstands der Luft im Vergleich zum Wasser kann er dann im Gleitflug bis zu vierzig Kilometer pro Stunde erreichen und jedem Raubtier entkommen. Du wirst es erst glauben, wenn du es mit eigenen Augen siehst!

Der Schein kann trügen

Der Nattern-Plattschwanz ist eine Seeschlange mit einem der stärksten Schlangengifte überhaupt. Sie beißt nur selten Menschen, da sie sich normalerweise von Fischen ernährt und ein sehr kleines Maul hat, das für das Beißen großer Beutetiere ungeeignet ist. Am besten geht man ihr aus dem Weg — was sich der ganz ähnlich aussehende, aber harmlose Ringelschlangenaal zunutze macht. Indem er an denselben Orten wie der Nattern-Plattschwanz lebt, kann er unbehelligt herumschwimmen, ohne ständige Angriffe von Raubtieren fürchten zu müssen, die ihn wahrscheinlich recht schmackhaft finden würden. Mimikry ist in der Unterwasserwelt weit verbreitet — manchmal ist es schwer zu erkennen, wer wer ist.

Wahre Schönheit
kommt von innen

∞

Der Seehase oder Lumpfisch ist ein ziemlich ungewöhnlicher
Fisch. Das Männchen ist blau und das Weibchen braun, und
beide sind mit warzenartigen Knubbeln bedeckt. Die Männchen
kann man in geschützten Tümpeln am Ufer beobachten,
wo sie die Eier bewachen, bis die Jungen schlüpfen. Sie sind
größer als die meisten Fische, die man in Gezeitentümpeln
antrifft, und bewegen sich nicht, sondern halten sich mit einer
kreisförmigen Saugscheibe, zu der die Bauchflossen umgebildet
sind, am Boden fest. Der Seehase bleibt bewegungslos, bis seine
Jungen geschlüpft sind — ein sehr fürsorglicher Fisch.

Urteile nie nach dem Äußeren

Nicht nur Nilpferde sind verrückt nach Schlamm, auch Würmer, Muscheln und Fische lieben ihn. Die Oberfläche des Schlamms mag leblos, still und aus menschlicher Sicht nicht sonderlich einladend aussehen, aber bei näherer Betrachtung wimmelt es auf und unter der Oberfläche von Leben. Schlamm ist wie eine gefüllte Speisekammer für Fische. Arten mit einem flachen Körper wie Stechrochen können die Würmer knapp unter der Oberfläche spüren und sie dann fressen. Barsche, Meeräschen und Heringe nutzen geschützte, schlammige Untiefen als Kinderstube und verlassen nur selten einen so guten Platz, da die Jungfische durch die nahrhaften Würmer schnell wachsen.

Wenn du deinen Blick schärfst, kannst du überall Schönes entdecken

Würmer sind für die Ökologie der Unterwasserwelt unverzichtbar; sie können viele außergewöhnliche und faszinierende Formen annehmen. Schau dir nur den Weihnachtsbaumwurm an. Sein Körper liegt in Löchern in Korallenriffen versteckt, aber wenn er frisst, schickt er gefiederte Tentakel aus, die ihn wie einen Tannenbaum aussehen lassen und zusätzlich mit glitzernden Verzierungen versehen sind. Die Ringel-Nemertine schmückt sich mit hübschen Streifen und ihre Schnurwurm-Cousine, die Lange Nemertine, wird Berichten zufolge bis zu dreißig Meter lang und gehört damit zu den längsten Tieren der Erde.

Wer an Wunder glaubt, wird auch Wunder entdecken

Eine erstaunliche Anzahl von Meeresschnecken nimmt die reizvollsten und vielfältigsten Formen im gesamten Tierreich an. Namen wie Spanische Tänzerin, Spanischer Schal und Blauer Drache (Blaue Ozeanschnecke) klingen schon vielversprechend, aber im wirklichen Leben sind diese Faden-, also Meeresnacktschnecken noch großartiger. Denn nicht nur ihr Aussehen, auch ihr Leben ist besonders und farbenfroh — fast alle besitzen männliche und weibliche Geschlechtsorgane, um die Chancen auf Fortpflanzung in einer Welt voller Veränderungen und Unsicherheiten zu erhöhen. Einige ernähren sich von giftigen Tieren wie Quallen und nutzen die Giftzellen ihrer Beute zur Selbstverteidigung.

Bleib im Herzen jung

Auch wenn es unmöglich klingt: Eine unscheinbare Muschel scheint die Formel gefunden zu haben, mit der das Altern besiegt werden kann. Diese zweischalige Muschel — Islandmuschel heißt sie — kann nachweislich gesund und munter mindestens fünfhundert Jahre alt werden. Noch erstaunlicher ist, dass das Gewebe von betagten Islandmuscheln im Vergleich zu dem von jüngeren Exemplaren kaum Anzeichen von Alterung zeigt. Das Geheimnis? Es scheint, dass das Leben in einem weichen Schlammbett mit reichlich Nahrung, die aus dem Meerwasser gefiltert wird, wahre Wunder bewirkt. Die heute lebenden Exemplare haben vielleicht erlebt, dass Christoph Kolumbus über sie hinwegsegelte!

Kümmere dich um andere

Buckelwale sind prächtige Tiere, die über fünfzehn Meter lang werden können. Ausgewachsene Wale sind für die meisten Raubtiere als Beute zu groß, aber es dauert mehr als zehn Jahre, bis ein Walkalb die Größe eines erwachsenen Tieres erreicht hat. Orcas und große Haie, wie zum Beispiel Tigerhaie, können ein Kalb töten oder verletzen. Die Walmütter kümmern sich mehrere Jahre lang hingebungsvoll um ihre Jungen und tun alles, um Raubtiere abzuwehren. Buckelwale helfen sogar anderen: Sie treiben Raubtiere von gejagten Robben weg und haben manches Mal hilfreich eingegriffen, wenn Menschen im Meer in Gefahr waren.

Bleib in Kontakt mit deinen Lieben

Das Gehirn des Pottwals ist das größte und schwerste im Tierreich und befindet sich in einem riesigen Kopf mit einem gezahnten Maul. In großer Tiefe geht der Pottwal auf die Jagd nach seiner Lieblingsbeute, nämlich Tintenfischen. Eine Gruppe von Walen bleibt während der Jagd durch laute Klick- und Pfeiftöne in ständigem Kontakt. An der Meeresoberfläche verständigen sie sich wiederum mit anderen Lauten. Es scheint so zu sein, dass Pottwal-Gruppen in verschiedenen Teilen der Weltmeere unterschiedliche Dialekte, fast wie die verschiedenen Sprachen von uns Menschen, zur Verständigung verwenden.

Gemeinsam sind wir stark

Clownfische und Seeanemonen sind beide sehr farbenfroh und können sich selbst zwischen leuchtenden Korallen nicht gut vor hungrigen Räubern verstecken. Die Seeanemone ist jedoch mit wehrhaften Tentakeln gut bewaffnet, sodass die meisten Tiere einen großen Bogen um sie machen. Den Clownfischen, auch Anemonenfische genannt, machen die Nesselfäden nichts aus und sie leben unbeschadet zwischen den Tentakeln. Das hilft beiden: Der Anemonenfisch findet hier ein sicheres Zuhause und vertreibt im Gegenzug unliebsame Seeanemonenfresser und Schädlinge. Beide sind ziemlich unordentlich beim Fressen und teilen sich dann die Futterreste. Gemeinsam gedeihen die beiden prächtig.

Klein, aber fein

Ein Kegelrobbenjunges wird im Spätherbst oder Winter an den Küsten
wilder, kalter Meere geboren. Um zu überleben, ist das Jungtier
völlig von seiner Mutter abhängig. Es braucht ihre reichhaltige Milch,
damit es schnell wächst. Aber auch die Mutter muss fressen und
lässt ihr Junges deshalb für Stunden allein an der Küste zurück. In
der Regel wartet das Jungtier in einer geschützten Bucht, wo es
kaum von Raubtieren entdeckt werden kann. Auch wenn es für den
Menschen dann verloren aussehen mag: Das Jungtier ist ein geborener
Überlebenskünstler. Sein dickes Fell bietet ausreichend Schutz
vor jedem winterlichen Wetter, und bald wird es sein flauschiges,
weißes Fell ablegen und bereit sein, allein im Meer zu schwimmen.

Denke lieber ungewöhnlich

Der Oktopus ist in vielerlei Hinsicht ein überraschendes Lebewesen. Er hat drei Herzen, die blaues Blut durch seinen Körper pumpen, und acht Arme. Er kann die Farbe seiner Haut und ihre Beschaffenheit innerhalb von Millisekunden ändern, um sich an seine Umgebung anzupassen oder eine seiner vielschichtigen Stimmungen zu zeigen. Das vielleicht Erstaunlichste aber ist seine hohe Intelligenz. Der Krake ist wissbegierig, ein vollendeter Entfesselungskünstler und hat in Tests bewiesen, dass er über ein beachtliches Gedächtnis und außerordentliche Problemlösungsfähigkeiten verfügt. Noch unglaublicher ist, dass sein Gehirnsystem über seine Arme verteilt ist — vermutlich können seine Arme selbstständig denken!

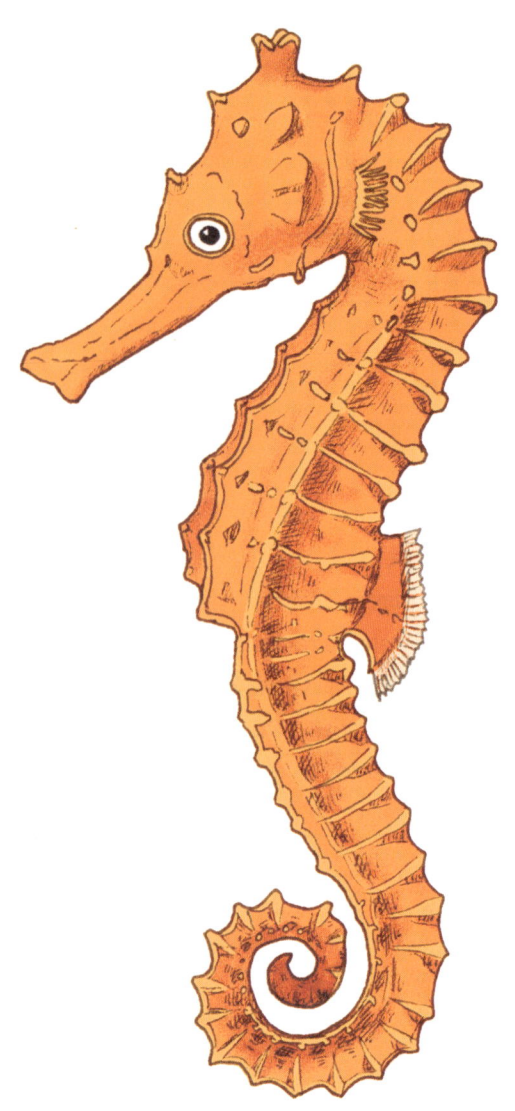

Such dir eine Umgebung, die zu dir passt

∞

Es gibt viele Arten von Seepferdchen: vom Zwergseepferdchen, das nicht größer als ein Daumennagel wird, bis hin zu Arten, die eine Länge von über dreißig Zentimetern erreichen können. Das Männchen brütet die Eier in einer Bruttasche an seinem Bauch aus und bringt die Jungtiere aus dieser Tasche zur Welt. Ausgewachsene Tiere und Jungtiere sind immer schwer zu entdecken und zwischen Tang, Korallen und Seegras gut versteckt — nicht nur für uns Menschen, sondern auch für die winzigen Garnelen, von denen sich die Seepferdchen ernähren. Sie können lange Zeit regungslos verharren und sich völlig unauffällig in ihrer Umgebung bewegen, bevor sie schnell ihre Beute einsaugen.

Die Wahrheit erkennt man oft erst auf den zweiten Blick

Der seepferdchenähnliche Große Fetzenfisch hat die Tarnung zu einer ausgefeilten Kunstform entwickelt. Mit seinen tangförmigen Anhängseln, die ihn eher wie eine Alge als wie ein Tier aussehen lassen, kann er sich völlig unsichtbar im Tang verbergen. Selbst wenn er nichts findet, um sich dahinter zu verstecken, kann er ziemlich sicher sein, nicht gefressen zu werden, da er lediglich wie ein Stück treibender Tang aussieht. Erst 2015 wurde in den tieferen Gewässern vor Südaustralien eine neue Art von Fetzenfisch entdeckt. Was könnte deutlicher zeigen, wie gut entwickelt die Fähigkeit der Fetzenfische ist, unentdeckt zu bleiben!

Packe Gelegenheiten beim Schopf

Der Meeresboden erstreckt sich in unendlicher Weite und es kann schwierig sein, hier Nahrung zu finden oder andere der eigenen Art zu treffen. In der Tiefe ist es außerdem sehr, sehr dunkel. Ein ausgeprägter Geruchs- und Tastsinn und blitzschnelle Reaktionen helfen Lebewesen wie dem Pelikanaal bei der Nahrungssuche. Dieser bizarre, meist schlanke Fisch kann sein Maul enorm weit öffnen, um Beute zu verschlucken, und sein Körper ist so dehnbar, dass er Nahrung aufnehmen kann, die größer ist als er selbst. Das ist hilfreich, denn es kann Wochen dauern, bis er die nächste Mahlzeit findet. Der Aal kann sich auch selbst vergrößern, um dadurch Raubtiere abzuschrecken, und einige Arten dieser Fischfamilie geben glühwürmchenartige Lichtblitze aus dem Schwanz ab, um Nahrung und Partner anzulocken.

Wer langsam startet, wird weit kommen

Für die Lederschildkröte ist Größe enorm wichtig. Alle Schildkröten sind Reptilien, das heißt, sie sind Kaltblüter und müssen sich warm halten, um sich bewegen zu können. Ausgewachsene Lederschildkröten können durch Fettgewebe und Blutgefäße in der Nähe der Haut dafür sorgen, dass ihre Körpertemperatur hoch genug bleibt. Da die Schildkröte ihr Leben mit einer Länge von weniger als zehn Zentimetern beginnt, muss sie zunächst in warmen, tropischen Meeren leben. Erst wenn sie herangewachsen ist, kann sie sich in kühlere Gewässer wagen, wo sie ihre Lieblingsnahrung, große Quallen, findet. Lederschildkröten werden zu großen Meereswanderern und kommen weit herum.

Wenn du an dich glaubst, kannst du alles schaffen

∞

Die Meerechse ist ein Reptil, von dem man annimmt, dass es auf den Überbleibseln seiner ursprünglichen Heimat in Mittelamerika zu den Galapagosinseln geschwommen ist. Um dort zu überleben, hat der Leguan gelernt, im Meer zu tauchen und im flacheren Wasser üppige grüne Algen abzuweiden. Das Wasser hier ist kalt und die Echsen müssen viele Stunden in der Sonne verbringen, um am Leben zu bleiben. Sonne und Salz machen ihre Haut rissig. Außerdem müssen sie nach jedem Tauchgang viel niesen, um das Salzwasser aus ihrer Nase loszuwerden!

Sei ein sanfter Riese

Der Riesenhai ist mit einer Länge von über neun Metern und einem Gewicht von bis zu sieben Tonnen der größte Fisch im Nordatlantik — nur der Walhai übertrifft ihn noch beim Rennen um den Titel des größten Fisches der Welt. Aber so gigantisch er auch sein mag, der Riesenhai wird dich nicht fressen — er zieht es vor, sich an einer reichhaltigen Planktonsuppe zu laben. Seine große, runde Rückenflosse ist oft zusammen mit der Schwanzspitze und der Nase an der Meeresoberfläche zu sehen. Diese Form aus drei Spitzen könnte für uralte Legenden über Seeschlangen verantwortlich sein.

Gönn dir ein wenig Wellness

Auch die Unterwasserwelt hat ihre schädlichen Parasiten, und Fische, Schildkröten und andere Lebewesen können die Plagegeister auf ihrer Haut nicht einfach entfernen. Diese Tiere wissen jedoch, wo sie gesunde Pflege und Reinigung erhalten: Sie besuchen einen Putzerlippfisch — einen hilfreichen Mitbewohner, der sich auf die Pflege und Reinigung anderer Meerestiere spezialisiert hat. So ein Lippfisch hat manchmal eine ganze Schlange erwartungsvoller Besucher an seinem Platz im Riff, darunter räuberische Haie und Zackenbarsche, die den Lippfisch als Gegenleistung für seine Dienste in Ruhe lassen. Ein fleißiger Lippfisch kann an einem Tag mehr als 1000 Fische versorgen. Dabei erhält er mehr als genug Nahrung durch die Parasiten, die er abknabbert!

Denke strategisch

Der Schwertwal oder Orca ist enger mit Delfinen verwandt als andere Wale und ein intelligentes Raubtier. Orcas ziehen in gut organisierten Gruppen umher, die in der Regel von einer dominanten Matriarchin angeführt werden. Sie können viele Jahrzehnte zusammenleben und dabei erfolgreiche Jagdmethoden entwickeln. Orcas kommunizieren häufig miteinander, aber nur so lange, bis sie aus nächster Nähe jagen, dann schalten sie meist in einen lautlosen »Anschleich«-Modus, um ihre Beute zu überraschen. Sie wenden verschiedene Strategien für unterschiedliche Beutetiere an, zum Beispiel kippeln sie Robben von Eisschollen, benutzen ihre Schwänze, um Fische zu dicht gedrängten Schwärmen zusammenzutreiben, und können in der Gruppe sogar Wale jagen, die größer sind als sie selbst.

Nutze die Sonne, solange sie scheint

∞

Manche Algen werden so hoch wie Bäume, obwohl sie nur eine kurze Zeitspanne zum Wachsen haben. Der Riesentang an der kalifornischen Küste wächst im Frühjahr und Sommer mit einer Geschwindigkeit von dreißig bis sechzig Zentimetern pro Tag und strebt aus einer Tiefe von bis zu dreißig Metern an die sonnenbeschienene Oberfläche. Glücklicherweise ist das kalte Wasser hier reich an Nährstoffen und schwimmende Gasblasen halten den Seetang aufrecht, sodass er in der Nähe der Wasseroberfläche im Sonnenlicht baden kann. An der Oberfläche wachsen die Tangblätter weiter. Seeotter nutzen sie, um sich und ihre Jungen an einer Stelle zu verankern und auszuruhen.

Nimm dir Zeit zum Spielen

Seeotter haben ein sehr dichtes Fell, das sie warm hält und ihnen hilft, an der Meeresoberfläche zu schwimmen. Die fantastischen Schwimmer können auf dem Rücken im Wasser liegen und harte Muschelschalen aufbrechen, indem sie sie gegen einen Stein schlagen, den sie auf ihre Brust legen. Seeotter leben in einer rauen und gefährlichen Umgebung, in der sie mit jagenden Haien, extremen Wetterbedingungen und starken Strömungen konfrontiert sind. Dennoch nehmen sich auch erwachsene Seeotter immer wieder Zeit zum Spielen, rangeln miteinander oder spielen mit Gegenständen, die sie finden. Oft sieht man sie beim Schlafen Händchen halten, damit sie nicht auseinanderdriften.

Lege Hüllen ab, die dir zu eng geworden sind

∞

Viele Meeresbewohner sind Aasfresser und sammeln auf, was andere zurücklassen. Krabben und Hummer sind Experten in der Kunst, kostenlose Nahrung zu finden. Die Gemeine Strandkrabbe ist kein wählerischer Esser und frisst auch Fische, Schnecken und Würmer, die schon länger tot sind, sowie Algen und sogar die Überreste eines eigenen Artgenossen. Der Panzer einer Krabbe ist wie ein äußeres Skelett und muss regelmäßig abgeworfen werden, normalerweise einmal im Jahr. Vielleicht findest du eine sehr weiche Krabbe, die sich unter einem Felsen versteckt, und einen leeren Panzer in der Nähe, aus dem das wachsende Tier gerade herausgestiegen ist. Dann hast du das Glück, mit eigenen Augen beobachten zu können, wie der neue, noch weiche Panzer sich entfaltet.

Verwechsle Weichheit nicht mit Schwäche

Einige der Tiere mit dem weichsten Körper leben an den härtesten Orten im Ozean. Seeanemonen gedeihen dort, wo krachend brechende Wellen und starke Strömungen fast jedes andere Lebewesen wegtreiben und zerschmettern würden. Sie bleiben an Felsen kleben oder im Sediment eingegraben, ohne Schaden zu nehmen. Außerhalb des Wassers oder bei Windstille machen sie den Anschein, unförmige Klumpen zu sein, dabei können Seeanemonen wie wunderschöne Blumen aussehen, wenn sie ihre Tentakel ausstrecken. Und das tun sie, wenn sich das Wasser schnell um sie herum bewegt. Ihre Tentakel sind mit winzigen Nesselzellen versehen, um Nahrung aus dem Meerwasser zu fangen, darunter Lebewesen wie Garnelen oder treibendes Aas.

Schwimme gegen den Strom

∞

Lachse sind anders als andere Fische im Meer: Sie verbringen zwar einen Großteil ihres Lebens im salzigen Meerwasser, Lebensanfang und Lebensende jedoch liegen in Süßwasserflüssen. Der Atlantische Lachs beginnt sein Leben als kleines Ei, das in einem Flussbett zwischen Kieseln versteckt ist — weit weg vom Meer. Um ihre Eier hier abzulegen, schwimmen die Elternfische heldenhaft gegen die Strömung an und überwinden stufenartige Stauwehre und Wasserfälle. Nach dem Laichen sind sowohl die männlichen als auch die weiblichen Lachse stark geschwächt, aber einige überleben die Strapazen und kehren noch einmal ins Meer zurück.

Schönheit kann gefährlich sein

Einige schöne Meeresschnecken sind giftig. Die sogenannten Kegelschnecken sehen inmitten von Sand oder Korallen hübsch und recht harmlos aus. Es mag verlockend sein, eine solche Schnecke aufzusammeln. Wenn du dabei aber auf eine lebende Kegelschnecke triffst oder auch nur in ihre Nähe kommst und sie störst, besteht die Gefahr, dass du mit einer Harpune voller Widerhaken beschossen wirst, die mit einem Giftcocktail versehen ist. Bei einigen Kegelschnecken-Arten ist dieses Gift so stark, dass es sogar Menschen töten kann. Ihre giftige Waffe setzen die Schnecken ein, um Fische zu fangen, die sie fressen. Die Meeresschnecken produzieren eine Reihe verschiedener chemischer Substanzen, darunter erstaunlicherweise auch einige, die als Schmerzmittel wirken und heute in Medikamenten zur Schmerzlinderung für Menschen verwendet werden.

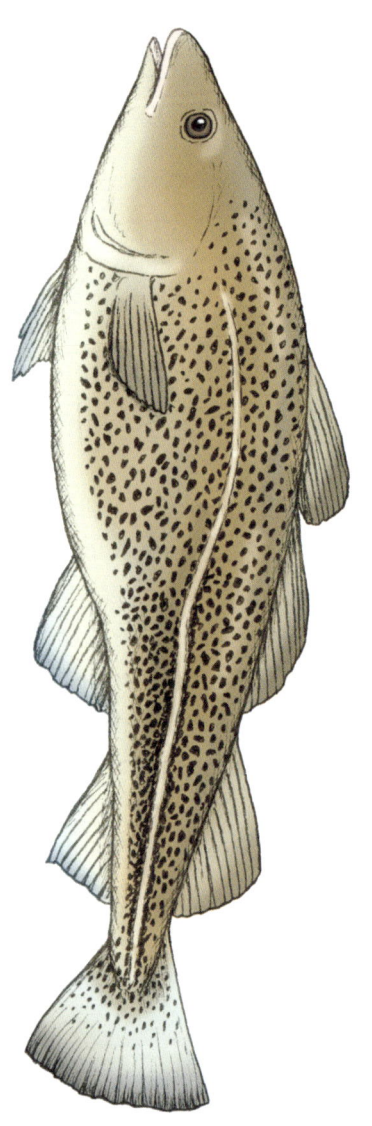

Schlicht, aber erfolgreich

∞

Der weltweit als Speisefisch beliebte Kabeljau sieht nicht besonders bemerkenswert aus. Er ist ein Raubfisch, der in der Nähe des Meeresbodens lebt, wo er sich von kleineren Fischen und einer Reihe von Schalentieren, Tintenfischen und Krebsen ernährt. Ein Kabeljau kann fünfundzwanzig Jahre oder älter werden und ist ein äußerst produktiver Brüter: Ein großes Weibchen produziert mehrere Millionen winziger Eier von etwas mehr als einem Millimeter Durchmesser auf einmal. Kabeljaue versammeln sich zum Laichen in großer Zahl. Leider hat die kommerzielle Fischerei die Bestände dieses sich so erfolgreich vermehrenden Fisches in den letzten Jahrzehnten drastisch reduziert.

Zu Hause ist überall da, wo du dich wohlfühlst

Der Große Tümmler ist ein geschmeidiges, intelligentes Tier, das sich in warmem oder kaltem Wasser ebenso wohlfühlt wie in klarem oder trübem. Er fängt seine Beute mithilfe von Schallwellen, indem er Klick- und Pfeiftöne durch das Wasser schickt und erkennt, wie sie von in der Nähe befindlichen Gegenständen — oder Beutetieren — reflektiert werden. Die Art und Weise, wie er diese Laute erzeugt und wahrnimmt, ist noch nicht vollständig geklärt, aber man weiß, dass ein Organ im Kopf, das Melone genannt wird, eine wichtige Rolle bei der Echoortung spielt.

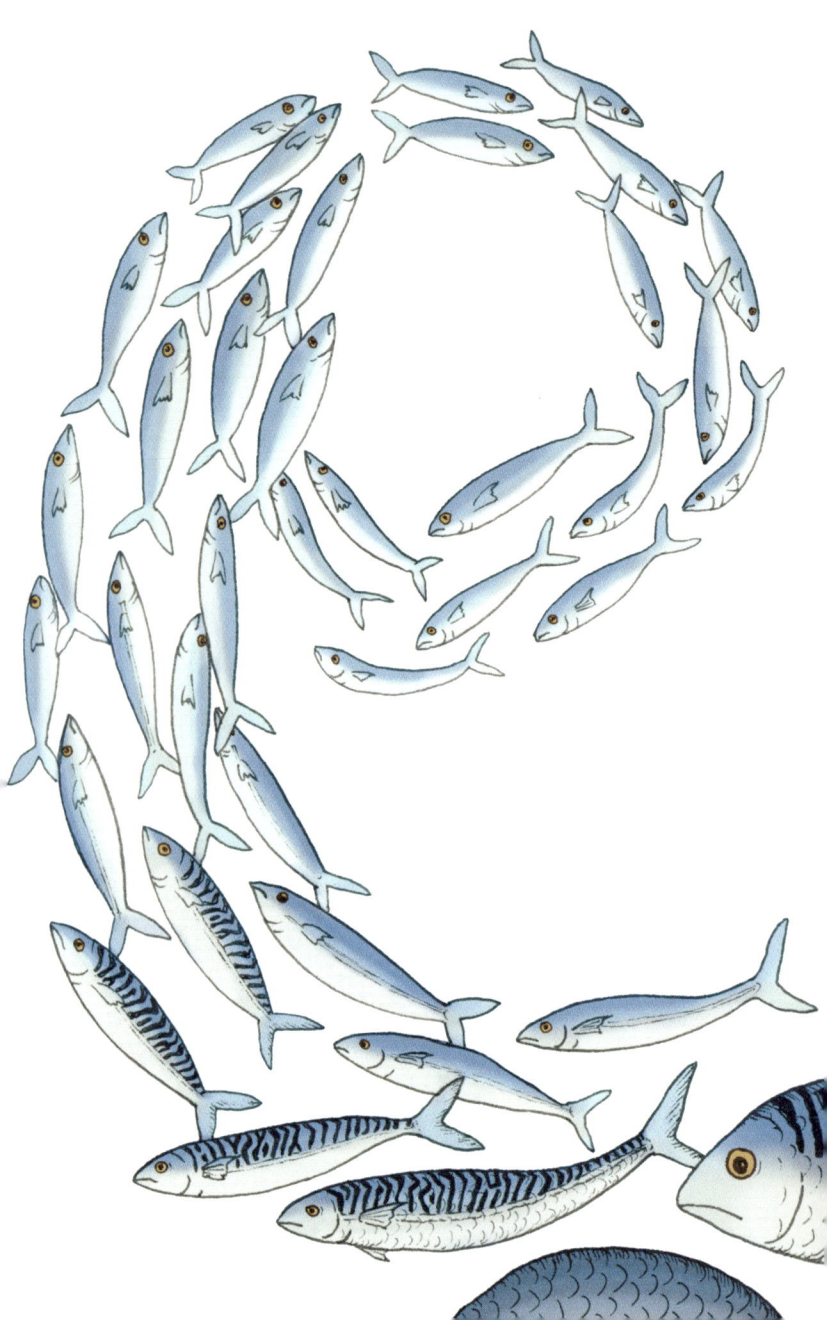

Manchmal kann man nichts weiter machen – außer weitermachen

Makrelen sind stromlinienförmige, elegante Schwimmer, die in der Nähe der Meeresoberfläche riesige Schwärme aus mehreren Zehntausend Tieren bilden. Sie schwimmen sehr schnell und müssen ständig in Bewegung bleiben, um genug Sauerstoff aus dem Wasser aufnehmen zu können. Da sie immer weiterschwimmen, haben Makrelen keine Zeit, bei der Suche nach Nahrung wählerisch zu sein, und verschlingen, was ihnen in den Weg kommt: vorwiegend Plankton und die Brut anderer Fische. Makrelen können bis zu achtzehn Jahre alt werden. Sie sind ein beliebter Speisefisch mit hohem Fettanteil und werden stark befischt.

Einfach ist oft am besten

Quallen gehören zu einer Gruppe sehr primitiver und einfacher Lebewesen, die weder ein Gehirn noch ein Herz und auch kein wie auch immer geartetes Skelett besitzen. Viele haben einen runden oder glockenförmigen Körper mit einer Mundöffnung und einem einfachen Verdauungstrakt sowie herunterhängenden Tentakeln, die mit Nesselzellen ausgestattet sind. Dank dieser simplen Anatomie gedeihen Quallen in allen Weltmeeren, von den Tropen bis zu den Polen und von den Oberflächengewässern bis in die Tiefsee. Einige Quallen sind sehr stark giftig, und obwohl man sie besser nicht berührt, sind sie wunderschön, sehr vielfältig in ihrer Form und faszinierend zu beobachten.

Lass die Dinge so, wie du sie vorgefunden hast

Um Wildtiere zu finden und zu beobachten, brauchst du einen wissbegierigen Geist und Geduld, aber nur wenig Ausrüstung. Nicht einmal die Füße musst du dir nass machen! Mit einem wasserdichten Fernglas kannst du Wale und Delfine beobachten. Tauchen erfordert eine umfangreichere Ausrüstung und eine gründliche Ausbildung, während eine Maske und ein Schnorchel alles ist, was du brauchst, um überraschend ähnliche und lohnende Erfahrungen zu machen. Bei der Tierbeobachtung ist es immer am besten, nur zu schauen und nichts zu berühren. Versuch vor allem nicht, Tiere und Algen, die an Felsen haften, loszulösen, und lass die Dinge so, wie du sie vorgefunden hast.

Spring ins kalte Wasser

Auch wenn das Meer in manchen Gegenden zu kalt erscheint, um darin zu baden, lohnt es sich, den Sprung hinein zu wagen, denn es wimmelt im Sommer in den flachen Gewässern an den kühleren Küsten nur so von Leben. Nur wenige Meter vor der Küste befinden sich die Kinderstuben von Plattfischen, Lippfischen und kabeljauähnlichen Pollacks. In ihrer Jugend können diese Fische sehr farbenfroh sein. Sie zeigen Schattierungen und Muster, die sie mit zunehmendem Alter verlieren. Schnapp dir Maske und Schnorchel, um diese bunte Lebenswelt zu entdecken. Die vielen Seeigel, Seesterne, Krebse und Seescheiden tragen zu der faszinierenden Vielfalt des Lebens bei, die du beim Schnorcheln vor Augen hast: Vorsicht, Suchtpotenzial!

Auch was uns Angst macht, ist schützenswert

Der Blauhai ist ein Wanderer des Meeres. Mit seiner glatten, silberblau glänzenden Haut und seinen perfekten Proportionen ist er ein schneller Schwimmer, dessen Hauptbeute Tintenfische und kleine Fische sind. Er frisst auch Aas, und sein ausgeprägter Geruchssinn hilft ihm dabei, seltene Leckerbissen wie einen kürzlich verstorbenen Wal aufzuspüren. Der Blauhai ist ein beliebter Speisefisch und seine Flossen werden mancherorts für Suppen verwendet. Er gehört heute zu den bedrohten Arten.

Finde Trost im ewigen Kreislauf des Lebens

Im Ozean findet fast alles Verwendung, aber einige Abfälle sinken doch aus den sonnenbeschienenen Oberflächengewässern in tieferes Wasser. Dieses herabrieselnde Material, das sich aus verwesenden Tieren, Fischschuppen und Ausscheidungsprodukten zusammensetzt, wird als Meeresschnee bezeichnet und sinkt langsam, aber stetig auf den Meeresboden. Ein Großteil davon wird unterwegs von Aasfressern wie Garnelen, Schnecken und vielen anderen Lebewesen aufgenommen. Gelangt dieser Schnee auf den Meeresboden, werden die Nährstoffe dort im Sediment eingelagert, bis sie durch starke Strömungen in andere Teile des Ozeans transportiert werden. Durch Auftrieb an der Küste können sie wieder an die Oberfläche gelangen. Der Ozean ist ein einziges kontinuierliches Recyclingsystem.

Gehe auf Schatzsuche am Strand

Das Meer hinterlässt viele seiner Schätze am Strand. An den Spülsäumen der Strände sammeln sich viele wundersame Dinge. Du kannst Muscheln, Sepiaschalen (Schulpe), Eikapseln von Rochen und jede Menge Seegras finden. Spülsäume sind ein Geschenk für die Tierwelt: Viele Insekten und Krebsartige wie die Klippenassel ernähren sich von dem verrottenden Seegras und den Tierresten dort. Aber das Meer spült neben Eihüllen, Knochen und Muscheln leider oft auch menschlichen Müll an. Die Fundstücke können von weit entfernten Ozeanen und Kontinenten kommen. Sie alle bieten Anlass zu faszinierenden Schatzsuchen.

Wenn es sich gut anfühlt, tu es einfach

Papageifische haben eine eigentümliche Art, sich für die Nacht einzurichten. Im Schutz einer Felsspalte hüllt sich der Fisch in eine dicke Schleimschicht, die er in seinem Maul produziert. Es überrascht daher nicht, dass Raubtiere ihn in Ruhe lassen, aber der Hauptvorteil dieses glibberigen Schlafsacks scheint im Schutz vor Parasiten zu liegen, die den Fisch sonst im Schlaf befallen würden. Einige Papageifische fressen Korallen, indem sie Stücke des lebenden Riffs abbeißen, um sich zu ernähren. Der ungenießbare Teil der Korallenstruktur, der Korallenkalk, wird in feinen Stückchen ausgeschieden — man nimmt an, dass die Fische auf diese Weise große Mengen des Sandes produzieren, der sich an den örtlichen Stränden ablagert!

Aus den kleinsten Dingen kann Großes entstehen

Blauwale sind riesig: Sie werden über dreißig Meter lang und wiegen mehr als jedes andere bekannte Tier, das jemals existiert hat. Sie werden so groß, indem sie sich fast ausschließlich von Krill ernähren, der in den Ozeanen häufig vorkommt. Der Blauwal kann mit einem einzigen Schluck einen ganzen Schwarm von Tausenden dieser winzig kleinen, garnelenartigen Lebewesen in sein riesiges Maul schaufeln.

Das Südpolarmeer rund um die Antarktis ist sehr reich an Krill, und mehrere Walarten, darunter auch der Blauwal, wandern weite Strecken dorthin, um an diesem nahrhaften Festmahl teilzunehmen.

Lebe wild und wunderbar

⁓

Eine hydrothermale Quelle ist ein vulkanähnlicher Riss im Meeresboden, aus dem erhitztes Meerwasser und gelöste chemische Verbindungen aus dem darunter liegenden, geschmolzenen Gestein austreten. Bilden sich Schlote, so spricht man von »Rauchern«. Leben gibt es an diesen Orten im Überfluss: Statt dass jedoch Pflanzenplankton und Photosynthese wie andernorts die Grundlage der Nahrung für die Lebewesen sind, gewinnen hier bestimmte Bakterien in einem Prozess, der Chemosynthese genannt wird, ihre Energie aus den Mineralstoffen und chemischen Verbindungen im Wasser. Mit ihrer Hilfe gedeihen Tiere, die sonst nirgendwo zu finden sind, darunter riesige Röhrenwürmer, in deren Körpern diese Bakterien eingelagert sind, sowie Krebs- und Krabbenarten, die hier unter Bedingungen überleben, die für die meisten anderen Meeresbewohner giftig wären.

Heimat ist der Ort, an den man immer zurückkehrt

∞

Die Gemeine Napfschnecke ist eine weit verbreitete Meeresschnecke, die man an felsigen Ufern findet. Ihre kegelförmige Schale ist in der Regel weiß gefärbt, die Schnecke bewegt sich aber so langsam, dass sie oft mit Seepocken und Algen bedeckt ist. Wenn die Flut kommt, macht sie sich auf den Weg, um Algen zu fressen. Danach kehrt sie an exakt dieselbe Stelle zurück, von der sie losgewandert ist, denn sie hat eine Markierung auf dem Felsen hinterlassen, in die ihre Schale genau hineinpasst. Bei der Nahrungsaufnahme benutzt die Napfschnecke ein zungenartiges Organ, die Radula, die mit winzigen Zähnen versehen ist, um Felsen und Algen abzuraspeln. Diese Zähne bestehen aus einem Material, das zu den härtesten in der Natur gehört — härter als viele Felsen.

Innere Stärke ist von außen unsichtbar

Einige Lebewesen bohren sich langsam in Felsen, Böden oder Hölzer vor, meist um sich ein stabiles und sicheres Zuhause zu schaffen. Die Bohrmuschel ist eine ungewöhnliche Muschel, die in ihrer Form ein wenig an eine Miesmuschel erinnert. Mit ihrer Schale reibt sie sich an weichem Gestein wie Kreide und losem Sandstein und schafft so eine Röhre, in der sie dann lebt. Vielleicht überrascht es dich deshalb, dass ihre Schalen recht dünn und zerbrechlich sind und leicht brechen, wenn du sie am Strand findest. Wenn man beide Muschelschalen aufgeklappt betrachtet, sehen sie ein wenig wie Flügel aus, daher nennen viele sie Engelsflügel.

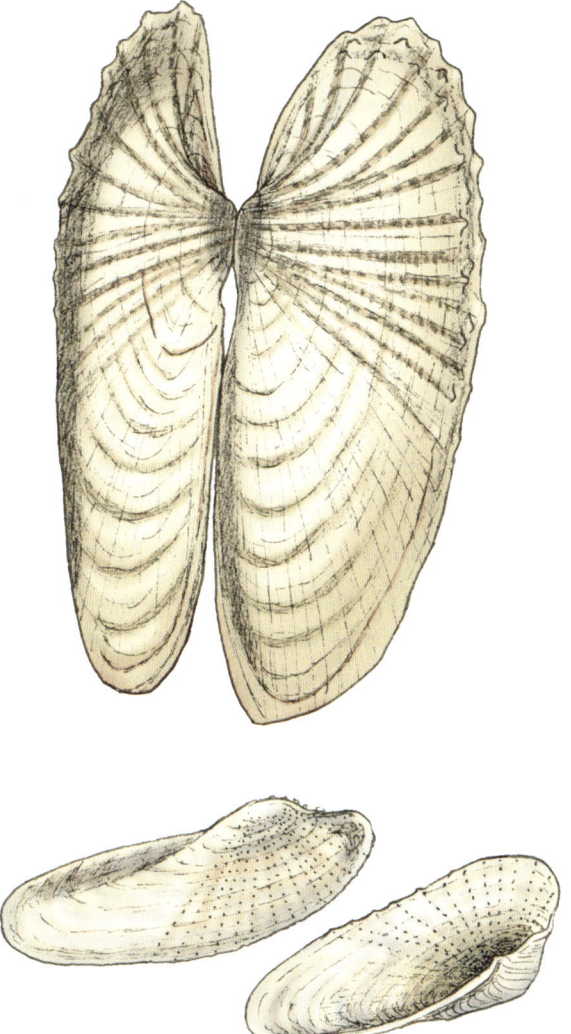

Das Leben ist bunt

∞

Lippfische verschönern Seetangwälder, Korallenriffe und felsige Unterwasserwelten, weil sie so farbenfroh sind. Es gibt viele verschiedene Arten, und einige haben eine ungewöhnliche Methode entwickelt, um sicherzustellen, dass es genug Männchen für die Fortpflanzung gibt. Es werden mehr weibliche als männliche Lippfische geboren, aber wenn sie größer werden und es nicht genug Männchen gibt, kann sich ein weiblicher Lippfisch in ein männliches Tier umwandeln. Dies geschieht erstaunlich schnell — bei einem Blaukopf-Junker in nur zwanzig Tagen. Es ist bekannt, dass mehrere Fischarten und andere Meeresbewohner ihr Geschlecht wechseln können, vom Weibchen zum Männchen oder umgekehrt. Viele sind auch Zwitter oder können es werden — der Ozean ist schließlich eine fließende Umgebung.

Vielfalt ist die Würze des Lebens

Plattfische sind Knochenfische mit abgeflachtem Körper, die als kleine Jungfische im Plankton zwischen den anderen Fischen schwimmen und im Wesentlichen genauso aussehen wie diese — mit einem Auge auf jeder Seite des Kopfes. Wird der Fisch aber größer, durchläuft er eine Metamorphose, bis beide Augen auf einer Seite des Körpers sitzen, die damit zur Oberseite wird. Das Gesicht einer Flunder, Scholle oder Seezunge sieht aus der Nähe ziemlich komisch aus mit ihrem verdrehten Maul. Aber es ist recht schwer, diese Plattfische im Wasser zu entdecken, weil sie sehr gut darin sind, sich zu tarnen und im Sand zu verstecken. Mit Rochen sind sie übrigens nicht näher verwandt, sie haben nur wie diese eine abgeflachte Körperform entwickelt, die sie zu erfolgreichen Jägern auf dem Meeresboden macht.

Nutze all deine Sinne, um erfolgreich zu sein

∞

Rochen sind Fische von uralter Abstammung und haben, wie Haie, ein Skelett aus Knorpeln, nicht aus Knochen. Die meisten von ihnen leben in der Nähe des Meeresbodens und einige verfügen über empfindliche Rezeptoren am Maul, die elektrische Impulse von im Sand vergrabenen Tieren auffangen. So können sie diese ausgraben und fressen. Der riesige Mantarochen ist anders: Er schwimmt anmutig an der Wasseroberfläche, um Plankton zu fressen. Viele Rochen können sehr groß werden, wie zum Beispiel der Glattrochen. Im Frühjahr kann man riesige Rochen-Eikapseln von über zwanzig Zentimetern Länge an den Strand gespült finden, die im Volksmund als Nixentäschchen bekannt sind.

Das Fremde ist uns meist näher als gedacht

Seescheiden sehen nicht besonders beeindruckend aus, aber man nimmt an, dass die Manteltiere, zu denen sie zählen, uns in ihrer evolutionären Abstammung näher stehen als die meisten anderen Tiere ohne Rückgrat. Das liegt daran, dass Seescheiden in ihrer Larvenform ein ähnliches Nervensystem haben wie die sich entwickelnden Embryonen von Menschen, Vögeln, Reptilien und Fischen. Man macht es sich zu leicht, wenn man sich die Evolution als eine stetige Weiterentwicklung von einfachen zu komplizierten Formen vorstellt, denn viele Arten, wie zum Beispiel die Seescheiden, sind perfekt so entwickelt, wie sie sind, um im Meer zu gedeihen. Die meist durchsichtige Glaskeulen-Seescheide reflektiert, wenn sie beleuchtet wird, das Licht mit hellen, weißen Linien, die an die Glühfäden alter Glühbirnen erinnern.

Lebe stilvoll und farbenfroh

∞

Nichts geht über den Echten Tintenfisch, wenn es um Stil und Farbe geht. Mit ihrem großen Gehirn und ihren scharfen Augen, die einen weiten Rundumblick ermöglichen, sind die Sepien faszinierende Geschöpfe, die sich verstecken und jagen, während Hautfarbe und -muster sich blitzschnell ändern können. Der extravagante Tintenfisch kann sogar seine Form und Gestalt verändern, um wie ein völlig anderes Lebewesen auszusehen, und das in einer außergewöhnlichen Farbpalette, die auch Leuchtendrosa, Violett und Blau umfasst. Ein Tintenfisch wird durch ein weißes, knochenähnliches Innenskelett — den Schulp — gestützt, das nach dem Tod das weiche Körpergewebe überdauert, viele Monate lang unbeschadet im Wasser treiben kann und oft an der Küste angespült wird.

Inhaltsverzeichnis

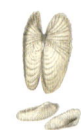

Über den Autor

RICHARD HARRINGTON ist Meeresbiologe und Schriftsteller. Er schreibt regelmäßig für das britische Coast Magazine und war für mehrere Dokumentarfilme wie *Blue Planet 2* und *Blue Planet UK* der BBC sowie *Sky Ocean Rescue* und *The End of the Line* als Berater tätig. Zuvor arbeitete er für die *Marine Conservation Society*. Derzeit ist Harrington Leiter der Abteilung Kommunikation und Fundraising bei *Bees for Development*. Er liebt es, das Leben zwischen Ebbe und Flut zu erforschen.

Über die Illustratorin

Die australische Illustratorin ANNIE DAVIDSON lebt in Melbourne. Sie arbeitet mit verschiedenen Techniken, vor allem aber mit Fineliner-Stift, um ihre fröhlichen, lebendigen und detaillierten Bilder zu erschaffen, die sie dann digital koloriert. Ihre Illustrationen sind in Büchern, auf Textilien, in Schaufenstern, auf Wandaufklebern, in Kunstausstellungen und für die unterschiedlichsten Kunden weltweit — darunter zum Beispiel *Lonely Planet, Converse* und das *Melbourne Museum* — zu sehen.